Los más bellos poemas de amor 3

Antología

Los más bellos poemas de amor 3

Yo te he nombrado reina

Edición de Nora Font

Poesía Planeta

Diseño de cubierta: María Inés Linares
Diseño de interior: Víctor Sabanes

Derechos exclusivos de edición en castellano
reservados para todo el mundo:
© 1997, Editorial Planeta Argentina S.A.I.C.
Independencia 1668, 1100 Buenos Aires
Grupo Editorial Planeta

Segunda edición: junio de 1998
ISBN 950-742-861-5

Hecho el depósito que prevé la ley 11.723
Impreso en la Argentina

Ninguna parte de esta publicación, incluido el diseño de la cubierta, puede ser reproducida, almacenada o transmitida en manera alguna ni por ningún medio, ya sea eléctrico, químico, mecánico, óptico, de grabación o de fotocopia, sin permiso previo del editor.

Índice

Vinicius de Moraes
Soneto de la mujer al sol 13

David Mourâo Ferreira
Profundísimos pozos... 14

Fernando Pessoa
Ven a sentarte conmigo, Lidia, a la orilla del río... 15

Antonio Machado
Siempre fugitiva y siempre... 17

Gustavo Adolfo Bécquer
Cruza callada y son sus movimientos... 18

Miguel Hernández
La boca 20

Federico García Lorca
El poeta pide a su amor que le escriba 23

Rafael Alberti
Retornos del amor en los vívidos paisajes 24

Paul Verlaine
Mi sueño habitual 26

Victor Hugo
Ave, dea, moriturus te salutat 27

André Breton
Unión libre 28

Téophile Gautier
Último deseo 31

Abu Ahmed Ben Hayyun
La bella de los lunares 32

Ben Al-Sabuni
La túnica roja 33

Félix Lope de Vega
A una dama que salió revuelta una mañana 34

Pedro Salinas
Dame tu libertad 35

Paul Éluard
La amada 37

Charles Baudelaire
Madrigal triste 38

Alfred de Musset
A Pepa 40

Jacques Prévert
Paris at night 42

Gérard de Nerval
Una avenida de Luxemburgo 43

Pierre de Ronsard
A una joven muerta 44

Robert Desnos
Tanto soñé contigo 45

Pablo Neruda
La reina 47

José Martí
Por tus ojos encendidos... 49

Rubén Darío
Versos de otoño 50

Homero Aridjis
Ánfora para la fluidez implacable del origen... 51

Jorge Guillén
Salvación de la primavera 53

Johann Wolfgang von Goethe
A la Condesa Titinna O´Donnell 55

Giorgio Caproni
Mujer que abre litorales 57

Gabriele d'Annunzio
Las mujeres 58

Francesco Petrarca
Soneto 134 61

Carlo Bettochi
Canto de mujer 62

Cesare Pavese
Vendrá la muerte y tendrá tus ojos... 63

Vicente Aleixandre
A ti, viva 64

Francisco de Quevedo
Amor impreso en el alma, que dura después de las cenizas 66

Garcilaso de la Vega
Villancico 67

Jorge Manrique
Acordaos, por Dios, señora... 68

Luis de Góngora
Descripción de una dama 72

Antonio Gala
Alargaba la mano y te tocaba... 73

Andrew Marvell
A su esquiva amante 76

John Donne
Elegía a la amada antes de acostarse 78

William Butler Yeats
Para Anne Gregory 79

D. H. Lawrence
Quisiera conocer a una mujer... 80

Edgar Allan Poe
Annabel Lee 81

E. E. Cummings
Poema 83

Leopoldo Lugones
Balada del fino amor 85

Juan L. Ortiz
Mujer que el viento tienes... 88

Máximo Simpson
Doña Berta 89

Roque Dalton
Atado al mar 90

Evaristo Carriego
La que hoy pasó muy agitada 92

Horacio Armani
La doble imagen 93

Carlos Ortiz
Galantería 95

Enrique Molina
La mujer de los pechos oscilantes... 96

Armando Tejada Gómez
Historia de tu ausencia 98

Héctor Pedro Blomberg
La pulpera de Santa Lucía 101

Juan Gelman
La muchacha del balcón 103

Baldomero Fernández Moreno
Adoro tu manera menudita y brumosa... 105

Julio Cortázar
Después de las fiestas 106

Mario Benedetti
Una mujer desnuda y en lo oscuro 107

Sobre los autores 109

Fuentes 121

Vinicius de Moraes
(1913-1980)

Soneto de la mujer al sol

Una mujer al sol es todo mi deseo
Viene del mar, desnuda, con los brazos en cruz
Y la flor de los labios abierta para el beso
Y en la piel, refulgente, el polen de la luz.

Una hermosa mujer, los senos en reposo
Y caliente de sol, nada más se precisa
El vientre terso, el pelo húmedo y una sonrisa
En la flor de los labios abierta para el gozo.

Una mujer al sol sobre quien yo me arroje
Y a quien beba y me muerda y con quien me lamente
Y que al someterse se enfurezca y solloce.

E intente rechazarme y que al sentirme ausente
Me busque nuevamente y se quede a dormir
Cuando yo, apaciguado, me disponga a partir.

David Mourão Ferreira
(1927)

Profundísimos pozos...

Profundísimos pozos
de agua venida de los trópicos
tus ojos.

Sólo tú y una serpiente
me conocen por dentro
desde siempre.

Centelleo de lunas
en cuanto te desnudas
a oscuras.

Fernando Pessoa
(1888-1935)

Ven a sentarte conmigo, Lidia, a la orilla del río...

Ven a sentarte conmigo, Lidia, a la orilla del río.
Con sosiego miremos su curso y aprendamos
que la vida pasa, y no estamos cogidos de la mano.
    (Enlacemos las manos.)

Pensemos después, niños adultos, que la vida
pasa y no se queda, nada deja y nunca regresa,
va hacia un mar muy lejano, hacia el pie del Hado,
    más lejos que los dioses.

Desenlacemos las manos, que no vale la pena
                                  cansarnos.
Ya gocemos, ya no gocemos, pasamos como el río.
Más vale que sepamos pasar silenciosamente
    y sin grandes desasosiegos.

Sin amores, ni odios, ni pasiones que levanten la voz,
ni envidias que hagan a los ojos moverse demasiado,

ni cuidados, porque si los tuviese el río también
                                        correría,
    y siempre acabaría en el mar.

Amémonos tranquilamente, pensando que podríamos,
si quisiésemos, cambiar besos y abrazos y caricias,
mas que más vale estar sentados el uno junto al otro
    oyendo correr al río y viéndolo.

Cojamos flores, cógelas tú y déjalas
en tu regazo, y que su perfume suavice el momento—
este momento en que sosegadamente no creemos en
                                          nada,
    paganos inocentes de la decadencia.

Por lo menos, si yo fuera sombra antes, te acordarás
                                          de mí
sin que mi recuerdo te queme o te hiera o te mueva,
porque nunca enlazamos las manos, ni nos besamos
    ni fuimos más que niños.

Y si antes que yo llevases el óbolo al barquero sombrío,
nada habré de sufrir cuando de ti me acuerde,
a mi memoria has de ser suave recordándote así —a la
    orilla del río,
        pagana triste y con flores en el regazo.

Antonio Machado
(1875-1939)

Siempre fugitiva y siempre...

Siempre fugitiva y siempre
cerca de mí, en negro manto
mal cubierto el desdeñoso
gesto de tu rostro pálido.
No sé adónde vas, ni dónde
tu virgen belleza tálamo
busca en la noche. No sé
qué sueños cierran tus párpados,
ni de quién haya entreabierto
tu lecho inhospitalario.

Detén el paso, belleza
esquiva, detén el paso.
Besar quisiera la amarga,
amarga flor de tus labios.

Gustavo Adolfo Bécquer
(1836-1870)

Cruza callada y son sus movimientos...

Cruza callada y son sus movimientos
silenciosa armonía:
suenan sus pasos y al sonar recuerdan
del himno alado la cadencia rítmica.

Los ojos entreabre, aquellos ojos
tan claros como el día,
y la tierra y el cielo, cuanto abarcan,
arden con nueva luz en sus pupilas.

Ríe, y su carcajada tiene notas
del agua fugitiva:
llora, y es cada lágrima un poema
de ternura infinita.

Ella tiene la luz, tiene el perfume,
el color y la línea,
la forma engendradora de deseos,
la expresión, fuente eterna de poesía.

¿Que es estúpida? ¡Bah! Mientras callando
guarde oscuro el enigma,
siempre valdrá lo que yo creo que calla
más que lo que cualquiera otra me diga.

Miguel Hernández
(1910-1942)

La boca

Boca que arrastra mi boca.
Boca que me has arrastrado:
boca que vienes de lejos
a iluminarme de rayos.
Alba que das a mis noches
un resplandor rojo y blanco.
Boca poblada de bocas:
pájaro lleno de pájaros.

Canción que vuelve las alas
hacia arriba y hacia abajo.
Muerte reducida a besos,
a sed de morir despacio,
das a la grama sangrante
dos tremendos aletazos.
El labio de arriba el cielo
y la tierra el otro labio.

Beso que rueda en la sombra:
beso que viene rodando
desde el primer cementerio

hasta los últimos astros.
Astro que tiene tu boca
enmudecido y cerrado,
hasta que un roce celeste
hace que vibren sus párpados.

Beso que va a un porvenir
de muchachas y muchachos,
que no dejarán desiertos
ni las calles ni los campos.
¡Cuánta boca ya enterrada,
sin boca, desenterramos!

Bebo en tu boca por ellos,
brindo en tu boca por tantos
que cayeron sobre el vino
de los amorosos vasos.
Hoy son recuerdos, recuerdos,
besos distantes y amargos.

Hundo en tu boca mi vida,
oigo rumores de espacios,
y el infinito parece
que sobre mí se ha volcado.

He de volver a besarte,
he de volver. Hundo, caigo,
mientras descienden los siglos

hacia los hondos barrancos
como una febril nevada
de besos enamorados.

Boca que desenterraste
el amanecer más claro
con tu lengua. Tres palabras,
tres fuegos has heredado:
vida, muerte, amor. Ahí quedan
escritas sobre tus labios.

Federico García Lorca
(1899-1936)

El poeta pide a su amor que le escriba

Amor de mis entrañas, viva muerte,
en vano espero tu palabra escrita
y pienso, con la flor que se marchita,
que si vivo sin mí quiero perderte.

El aire es inmortal. La piedra inerte
ni conoce la sombra ni la evita.
Corazón interior no necesita
la miel helada que la luna vierte.

Pero yo te sufrí. Rasgué mis venas,
tigre y paloma, sobre tu cintura
en duelo de mordiscos y azucenas.

Llena, pues, de palabras mi locura
o déjame vivir en mi serena
noche del alma para siempre oscura.

Rafael Alberti
(1903)

Retornos del amor en los vívidos paisajes

Creemos, amor mío, que aquellos paisajes
se quedaron dormidos o muertos con nosotros
en la edad, en el día en que los habitamos;
que los árboles pierden la memoria
y las noches se van, dando al olvido
lo que las hizo hermosas y tal vez inmortales.

Pero basta el más leve palpitar de una hoja,
una estrella borrada que respira de pronto
para vernos los mismos alegres que llenamos
los lugares que juntos nos tuvieron.
Y así despiertas hoy, mi amor, a mi costado,
entre los groselleros y las fresas ocultas
al amparo del firme corazón de los bosques.

Allí está la caricia mojada de rocío,
las briznas delicadas que refrescan tu lecho,
los silfos encantados de ornar tu cabellera

y las altas ardillas misteriosas que llueven
sobre tu sueño el verde menudo de las ramas.

Sé feliz, hoja, siempre: nunca tengas otoño,
hoja que me has traído
con tu temblor pequeño
el aroma de tanta ciega edad luminosa.
Y tú, mínima estrella perdida que me abres
las íntimas ventanas de mis noches más jóvenes,
nunca cierres tu lumbre
sobre tantas alcobas que al alba nos durmieron
y aquella biblioteca con la luna
y los libros aquellos dulcemente caídos
y los montes afuera desvelados cantándonos.

Paul Verlaine
(1844-1896)

Mi sueño habitual

Tengo a veces un sueño penetrante y extraño:
Una mujer desconocida, que me ama, y que amo,
Y que se repite cada noche, distinta e igual a sí misma,
Y me ama y me comprende.

Porque ella me comprende, y mi corazón, transparente,
Sólo para ella deja de ser un problema, ay, sólo para
                                                      ella,
Y sólo ella refresca con sus lágrimas
El sudor de mi pálida frente.

¿Son sus cabellos negros, rojizos o dorados? Lo ignoro.
¿Su nombre? Sólo recuerdo que es dulce y sonoro
Como el nombre de los amores exiliados

Como la mirada de las estatuas es su mirada,
Y su voz, lejana y calma y grave,
Se parece a las voces queridas y acalladas.

Víctor Hugo
(1802-1885)

Ave, dea, moriturus te salutat

A Judith Gautier

La belleza y la muerte son dos cosas profundas,
con tal parte de sombra y de azul que diríanse
dos hermanas terribles a la par que fecundas,
con el mismo secreto, con idéntico enigma.

Oh, mujeres, oh voces, oh miradas, cabellos,
trenzas rubias, brillad, yo me muero, tened
luz, amor, sed las perlas que el mar mezcla a sus aguas,
aves hechas de luz en los bosques sombríos.

Más cercanos, Judith, están nuestros destinos
de lo que se supone al ver nuestros dos rostros;
el abismo divino aparece en tus ojos,

y yo siento la sima estrellada en el alma;
mas del cielo los dos sé que estamos muy cerca,
tú porque eres hermosa, yo porque soy muy viejo.

André Breton
(1896-1966)

Unión libre

Mi mujer con cabellera de llamaradas de leño
con pensamientos de centellas de calor
con talle de reloj de arena
mi mujer con talle de nutria entre los dientes de un
      tigre
mi mujer con boca de escarapela y de ramillete de
      estrellas de última magnitud
con dientes de huella de ratón blanco sobre la tierra
                                      blanca
con lengua de ámbar y vidrio frotados
mi mujer con lengua de hostia apuñalada
con lengua de muñeca que abre y cierra los ojos
con lengua de piedra increíble
mi mujer con pestañas de palotes escritos por un niño

con cejas de borde de nido de golondrina
mi mujer con sienes de pizarra de techo de invernadero
y de cristales empañados
mi mujer con hombros de champaña
y de fuente con cabezas de delfines bajo el hielo
mi mujer con muñecas de cerillas

mi mujer con dedos de azar y de as de corazón
con dedos de heno segado
mi mujer con axilas de marta y de bellotas
de noche de San Juan
de ligustro y de nido de escalarias
con brazos de espuma de mar y de esclusa
y de combinación de trigo y molino
mi mujer con piernas de cohete
con movimientos de relojería y desesperación
mi mujer con pantorrillas de médula de saúco
mi mujer con pies de iniciales
con pies de manojos de llaves con pies de pájarosen
    el momento de beber
mi mujer con cuello de cebada sin pulir
mi mujer con garganta de Valle de Oro
de cita en el lecho mismo del torrente
con senos nocturnos
mi mujer con senos de montículo marino
mi mujer con senos de crisol de rubíes
con senos de espectro de la rosa bajo el rocío
mi mujer con vientre de apertura de abanico de los días
con vientre de garra gigante
mi mujer con espalda de pájaro que huye en vuelo
                                        vertical
con espalda de azogue
con nuca de canto rodado y de tiza mojada
con espalda de luz
y de caída de un vaso en el que acaban de beber

mi mujer con caderas de barquilla
con caderas de lustro y plumas de flecha
y de canutos de plumas de pavo real blanco
de balanza insensible
mi mujer con algas de greda y amianto
mi mujer con nalgas de lomo de cisne
mi mujer con nalgas de primavera
con sexo de gladiolo
mi mujer con sexo de yacimiento aurífero y de
                                        ornitorrinco
mi mujer con sexo de alga y de viejos bombones
mi mujer con sexo de espejo
mi mujer con ojos llenos de lágrimas
con ojos de panoplia violenta y de aguja imantada
mi mujer con ojos de pradera
mi mujer con ojos de agua para beber en prisión
mi mujer con ojos de bosque eternamente bajo el hacha
con ojos de nivel de agua de nivel aire de agua y de
                                        fuego

Téophile Gautier
(1811-1872)

Último deseo

Hace ya tanto tiempo que te adoro,
dieciocho años atrás son muchos días...
Eres de color rosa, yo soy pálido;
yo soy invierno y tú la primavera.

Lilas blancas como en un camposanto
en torno de mis sienes florecieron;
y pronto invadirán todo el cabello
enmarcando la frente ya marchita.

Mi sol descolorido que declina
al fin se perderá en el horizonte,
y en la colina fúnebre, a lo lejos,
contemplo la morada que me espera.

Deja al menos que caiga de tus labios
sobre mis labios un tardío beso,
para que así una vez esté en mi tumba,
en paz el corazón, pueda dormir.

Abu Ahmad Ben Hayyun
(Siglo XII)

La bella de los lunares

Era tan blanca, que la juzgarías una perla que se fundía, o estaba a punto de fundirse, con sólo nombrarla.

Pero tenía las dos mejillas —blancas como el alcanfor— puntuadas de almizcle. ¡Encerraba toda la beldad y aun algo más!

Una vez que sus lunares se hubieron metido en mi corazón tan hondo como yo me sé, le dije:

"¿Es que toda esa blancura representa todos tus favores, y esos puntos negros algunos de tus desdenes?"

Me contestó: "Mi padre es escribano de los reyes, y, cuando me he acercado a él para demostrarle mi amor filial,

"temió que descubriese el secreto de lo que escribía, y sacudió la pluma, rociándome el rostro de tinta".

Ben Al-Sabuni
(Siglo XIII)

La túnica roja

Su blanca figura avanzó cubierta con un vestido del color de la rosa, como la luna envuelta en el manto del crepúsculo.

Diríase que, cuantas veces han derramado mi sangre los arpones de sus ojos, los ha enjugado después en el vestido.

Félix Lope de Vega
(1562-1635)

A una dama que salió revuelta una mañana

Hermoso desaliño, en quien se fía
cuanto después abrasa y enamora,
cual suele amanecer turbada aurora,
para matar de sol a mediodía.

Solimán natural, que desconfía
el resplandor con que los cielos dora;
dejad la arquilla, no os toquéis, señora,
tóquese la vejez de vuestra tía.

Mejor luce el jazmín, mejor la rosa
por el revuelto pelo en la nevada
columna de marfil, garganta hermosa.

Para la noche estáis mejor tocada;
que no anocheceréis tan aliñosa
como hoy amanecéis desaliñada.

Pedro Salinas
(1891-1951)

Dame tu libertad...

Dame tu libertad.
No quiero tu fatiga,
no, ni tus hojas secas,
tu sueño, ojos cerrados.
Ven a mí desde ti,
no desde tu cansancio
de ti. Quiero sentirla.
Tu libertad me trae,
igual que un viento universal,
un olor de maderas
remotas de tus muebles,
una bandada de visiones
que tú veías
cuando en el colmo de tu libertad
cerrabas ya los ojos.
¡Qué hermosa tú libre y en pie!
Si tú me das tu libertad me das tus años
blancos, limpios y agudos como dientes,
me das el tiempo en que tú la gozabas.
Quiero sentirla como siente el agua
del puerto, pensativa,

en las quillas inmóviles
el alta mar, la turbulencia sacra.
Sentirla,
vuelo parado,
igual que en sosegado soto
siente la rama
donde el ave se posa,
el ardor de volar, la lucha terca
contra las dimensiones en azul.
Descánsala hoy en mí: la gozaré
con un temblor de hoja en que se paran
gotas del cielo al suelo.
La quiero
para soltarla, solamente.
No tengo cárcel para ti en mi ser.
Tu libertad te aguarda para mí.
La soltaré otra vez, y por el cielo,
por el mar, por el tiempo,
veré cómo se marcha hacia su sino.
Si su sino soy yo, te está esperando.

Paul Éluard
(1895-1952)

La amada

Ella está de pie sobre mis párpados
Sus cabellos en los míos
Ella tiene la forma de mis manos
Ella tiene el color de mis ojos
Es devorada por mi sombra
Como una piedra en el cielo.

Ella tiene siempre abiertos los ojos
Y no me deja dormir
La luz de sus sueños
Evapora todos los soles
Me hace reír, llorar y reír,
Hablar sin tener nada que decir.

Charles Baudelaire
(1821-1867)

Madrigal triste

¿Qué me importa que seas buena?
Sé bella, y sé triste, las lágrimas
Añaden encanto a tu rostro,
Como la lluvia al paisaje;
La tormenta rejuvenece las flores.

Te amo más aun cuando la alegría
Huye del balcón de tu frente,
Cuando tu corazón se hunde en el horror,
Cuando sobre tu frente se despliega
La temible nube del pasado.

Te amo cuando tus grandes ojos derraman
Un agua tibia como la sangre,
Cuando a pesar de mi mano que te acompaña,
El peso de la angustia horada tu voz
Como un quejido agonizante.

Yo aspiro, divina voluptuosidad,
Himno de profunda delicia,

Todos los sollozos de tu pecho,
Y creo que tu corazón se ilumina
Con las perlas que caen de tus ojos.

Alfred de Musset
(1810-1857)

A Pepa

Pepa, cuando la noche cae al fin,
cuando tu madre ya te ha dicho adiós;
cuando medio desnuda, ante tu lámpara,
para rezar te pones de rodillas;

cuando el alma cansada de inquietudes
necesita el consejo de la noche;
cuando la cofia acabas de quitarte
y miras otra vez bajo la cama;

cuando el sueño ha vencido a tu familia
y en la casa no hay nadie que no duerma;
¡oh, Pepita, muchacha encantadora,
amor mío! ¿En qué debes pensar?

¡Quién lo sabe! Tal vez en la heroína
de una novela de final tristísimo;
en todo lo que augura la esperanza
y que la realidad siempre desmiente;

es posible que en montes gigantescos
cuyo parto es tan sólo de ratones;
en galanes que viven en España
o tal vez en bombones, en maridos;

quizá en las más tiernas confidencias
de un corazón ingenuo como el tuyo;
en tu vestido, en músicas que bailas,
tal vez pienses en mí... tal vez en nada.

Jacques Prévert
(1903-1977)

Paris at Night

En la noche uno a uno encendí tres fósforos
El primero para ver tu cuerpo entero
El segundo para ver tus ojos
El último para ver tu boca
Y la oscuridad entera para recordarlo todo
guardándote en mis brazos

Gérard de Nerval
(1808-1855)

Una avenida de Luxemburgo

La muchacha pasó rápida y ágil
ante mí, como pasan tantos pájaros;
en la mano una flor resplandeciente
y una nueva canción entre los labios.

Tal vez únicamente ella tuviese
un corazón capaz de oír al mío;
tal vez entrando en mi profunda noche
pudiese iluminarla con sus ojos.

Mas no... Mi juventud queda tan lejos...
¡Adiós, dulce fulgor que deslumbraba!
¡Oh, perfume, muchacha, oh, armonía!
Vi la dicha pasar... ¡y huyó de mí!

Pierre de Ronsard
(1524-1585)

A una joven muerta

Como sobre la rama se ve en Mayo la rosa
en su joven belleza, en su primera flor,
volver celoso al cielo con su ardiente color
cuando su alba de lágrimas, al despuntar, la moja;

el Amor y la Gracia posan en su hoja fina
aromando los árboles y jardines de olor,
mas, por la lluvia herida o el ardiente calor,
lánguidamente muere y hoja a hoja declina,

así, en tu primera y juvenil mudanza,
cuando el cielo y la tierra cantaban tu alabanza
la Parca te ha llevado y en cenizas reposas.

Por ofrenda recibe mis lágrimas mejores,
esta ánfora de leche, esta cesta de flores,
para que, vivo y muerto, sea tu cuerpo rosas.

Robert Desnos
(1900-1945)

*T*anto soñé contigo

Tanto soñé contigo que pierdes tu realidad.

¿Todavía hay tiempo para alcanzar ese cuerpo vivo y besar sobre esa boca el nacimiento de la voz que quiero?

Tanto soñé contigo que mis brazos habituados a cruzarse sobre mi pecho cuando abrazan tu sombra, quizá ya no podrían adaptarse al contorno de tu cuerpo.

Y frente a la existencia real de aquello que me obsesiona y me gobierna desde hace días y años, seguramente me transformaré en sombra.

Oh balances sentimentales.

Tanto soñé contigo que seguramente ya no podré despertar. Duermo de pie, con mi cuerpo que se ofrece a todas las apariencias de la vida y del amor y tú, la única que cuenta ahora para mí, más difícil me resultará tocar tu frente y tus labios que los primeros labios y la primera frente que encuentre.

Tanto soñé contigo, tanto caminé, hablé, me tendí al

lado de tu fantasma, que ya no me resta sino ser fantasma entre los fantasmas, y cien veces más sombra que la sombra que siempre pasea alegremente por el cuadrante solar de tu vida.

Pablo Neruda
(1904-1973)

*L*a reina

Yo te he nombrado reina.
Hay más altas que tú, más altas.
Hay más puras que tú, más puras.
Hay más bellas que tú, hay más bellas.

Pero tú eres la reina.

Cuando vas por las calles
nadie te reconoce.
Nadie ve tu corona de cristal, nadie mira
la alfombra de oro rojo
que pisas donde pasas,
la alfombra que no existe.

Y cuando asomas
suenan todos los ríos
en mi cuerpo, sacuden
el cielo las campanas,
y un himno llena el mundo.

Sólo tú y yo,
sólo tú y yo, amor mío,
lo escuchamos.

José Martí
(1853-1895)

*P*or tus ojos encendidos...

Por tus ojos encendidos
Y lo mal puesto de un broche.
Pensé que estuviste anoche
Jugando a juegos prohibidos.

Te odié por vil y alevosa:
Te odié con odio de muerte:
Náusea me daba de verte
Tan villana y tan hermosa.

Y por la esquela que vi
Sin saber cómo ni cuándo,
Sé que estuviste llorando
Toda la noche por mí.

Rubén Darío
(1867-1916)

Versos de otoño

Cuando mi pensamiento va hacia a ti, se perfuma;
tu mirar es tan dulce, que se torna profundo.
Bajo tus pies desnudos aún hay blancos de espuma,
y en tus labios compendias la alegría del mundo.

El amor pasajero tiene el encanto breve,
y ofrece un igual término para el gozo y la pena.
Hace una hora que un nombre grabé sobre la nieve
hace un minuto dije mi amor sobre la arena.

Las hojas amarillas caen en la alameda,
en donde vagan tantas parejas amorosas.
Y en la copa de Otoño un vago vino queda
en que han de deshojarse, Primavera, tus rosas.

Homero Aridjis
(1940)

Ánfora para la fluidez implacable del origen...

Ánfora para la fluidez implacable del origen
para la libertad de los cuerpos
yo te escribo sin nombre

así abro mi jaula de pájaros siniestros
así prefiguro la seguridad de las manos
así comprometo mi tiempo en tu tiempo
así me descubro entero en ti compacta

Éste es mi incendio de cauces y de cuencos
mi confusión de estaturas y edades

Tú eres la impenetrable la siempre nueva
la que dices a media voz tu movimiento

Yo te escribo sin nombre en alianza
con lo ferviente de los ojos inmediatos

Tú elevas la densidad de las raíces
tú afirmas lo que las otras niegan
tú eres la verdad de mis días
la espiral de mi comienzo

Tú eres la inaplazable
la mujer desnuda
yo te escribo sin nombre
en las ciudades brumosas
en los antemuros en la piel
en las escaleras que no ascienden

Tú eres la que no se acaba de decir
en una noche de verano
la que viene del mar
la que me precede

la que en tardes de lluvia
se acuesta en los campos
para que yo la ame

Jorge Guillén
(1893-1984)

Salvación de la primavera

Ajustada a la sola
Desnudez de tu cuerpo,
Entre el aire y la luz
Eres puro elemento.

¡Eres! Y tan desnuda,
Tan continua, tan simple
Que el mundo vuelve a ser
Fábula irresistible.

En torno, forma a forma,
Los objetos diarios
Aparecen. Y son
Prodigios, y no mágicos.

Incorruptibles dichas,
Del sol indisolubles,
A través de un cristal
La evidencia difunde

Con todo el esplendor
Seguro en astro cierto.
Mira cómo esta hora
Marcha por esos cielos.

Johann Wolfgang von Goethe
(1749-1832)

A la Condesa Titinna O'Donnell
Que me había pedido una de mis plumas de escribir

Cuando a la escuela el muchacho,
de párvulos asistía,
y con una pluma gorda
sus palotes aprendía,
no tenía más ambición
que escribir bien algún día,
es decir, trazar las letras
con buena caligrafía;
mas nunca se le ocurrió,
mientras sus planas hacía,
sentadito en su pupitre,
en el aula pequeñina,
que lo que él emborronaba
con paciencia peregrina,
llegara nunca alcanzar
una perdurable vida,
ni tuviera algún valor
ni corriera la ancha vía
de ese mundo que allá fuera
del colegio se extendía.

Y he aquí que tú ahora,
¡oh mi amiga querida!
quieres poseer alguna
de mis plumas antiguas,
de esas que ya del uso
quedaron casi truncas,
despuntadas, inútiles,
junto al tintero mustias.

Pues bien, ahí te envío una,
¡oh caprichosa amiga!,
que al menos tiene el mérito,
que su humildad prestigia,
de haber trazado muchas
canciones de las cuales
tú fuiste amable Musa.

Giorgio Caproni
(1912-1990)

Mujer que abre litorales

Eres mujer de marinas,
mujer que abre litorales.
El aire de las mañanas,
blanco, es el aire tuyo
de sal —y son como velas
al viento, y son banderas
flameando a bordo los amplios
vestidos tuyos, tan claro.

Gabriele D'Annunzio
(1863-1938)

Las mujeres

Hubo mujeres serenas
con claros ojos, infinitas
en su silencio
como las comarcas
llanas donde corre un río;
hubo mujeres bajo luces
de oro émulas del estío
y del incendio,
similares a mieses
lujuriosas
que la hoz no ha rozado
pero devora el fuego
de los astros bajo un cielo cruel;
hubo mujeres tan leves
que una palabra
las volvió esclavas
como copa invertida
aprisiona a una abeja;
hubo otras con pálidas manos
que disiparon duros pensamientos
silenciosas;

y otras con manos exiguas
y flexibles cuyo lento
juego parecía insinuarse
dividiendo las venas
como hilos de urdimbre
tintas de ultramarino;
otras pálidas, laxas,
devastadas por besos,
resecas por amor
hasta la médula,
confundido el ardiente
rostro entre los cabellos,
con las narices como
intranquilas aletas,
con los labios como
palabras pronunciadas,
con los párpados como
las violetas.
Y hubo más todavía,
y maravillosamente
yo las he conocido.

Conocí el cuerpo desnudo
ante la voz, la risa,
el paso y el perfume. El sonido
de un paso nunca oído
me volvió ansioso

como música que se oye
filtrarse en el remoto
cuarto por cerradas puertas
de tanto en tanto, y el corazón ansía.
¡Hermosas bocas, yo dije ya vuestras
virtudes, yo os alabé diversas
como surgente
de la tierra, como las lluvias
de las estaciones!

Francesco Petrarca
(1304-1374)

Soneto 134

Paz no encuentro ni puedo hacer la guerra,
y ardo y soy hielo; y temo y todo aplazo;
y vuelo sobre el cielo y yazgo en tierra;
y nada aprieto y todo el mundo abrazo.

Quien me tiene en prisión, ni abre ni cierra,
ni me retiene ni me suelta el lazo;
y no me mata Amor ni me deshierra,
ni me quiere ni quita mi embarazo.

Veo sin ojos y sin lengua grito;
y pido ayuda y perecer anhelo;
a otros amo y por mí me siento odiado.

Llorando río y el dolor transito;
muerte y vida me dan igual desvelo:
por vos estoy, Señora, en este estado.

Carlo Bettochi
(1899-1974)

Canto de mujer

Canto de mujer que se sabe no vista
tras cerrados postigos, ronca voz,
por lánguidos desmayos e imprevistos
temblores recorrida, hecha de huecas
palabras que no entiendo.
Oh voz absorta, tormentosa y dulce,
llena de sueños,
como en un tiempo el canto de sirenas
que en alta mar hechizó a los marinos.
Voz del deseo que no sabe
si quiere o teme, que a nada se refiere
sino a sí misma, a su amor trémulo
y oscuro. Como tú, la encendida carne
aún habla y se escucha
existir, asombrada.

Cesare Pavese
(1908-1950)

*V*endrá la muerte y tendrá tus ojos...

Vendrá la muerte y tendrá tus ojos
—esta muerte que nos acompaña
de la mañana hasta la noche, insomne,
sorda, como un viejo remordimiento
o un vicio absurdo. Tus ojos
serán una vana palabra,
un grito callado, un silencio.
Así los ves cada mañana
cuando te inclinas solitaria sobre ti
ante el espejo. Oh querida esperanza,
ese día sabremos también nosotros
que eres la vida y eres la nada.

Para todos la muerte tiene una mirada.
Vendrá la muerte y tendrá tus ojos.
Será como dejar un vicio,
como contemplar en el espejo
resurgir un rostro muerto,
como escuchar unos labios cerrados.
Bajaremos al remolino silenciosos.

Vicente Aleixandre
(1898-1984)

A ti, viva

> *Es tocar el cielo poner el dedo*
> *sobre un cuerpo humano.*
> NOVALIS

Cuando contemplo tu cuerpo extendido
como un río que nunca acaba de pasar,
como un claro espejo donde cantan las aves,
donde es un gozo sentir el día cómo amanece.

Cuando miro a tus ojos, profunda muerte o vida que
                                          me llama,
canción de un fondo que sólo sospecho;
cuando veo tu forma, tu frente serena,
piedra luciente en que mis besos, destellan,
como esas rocas que reflejan un sol que nunca se
                                          hunde.

Cuando acerco mis labios a esa música incierta,
a ese rumor de lo siempre juvenil,
del ardor de la tierra que canta entre lo verde,
cuerpo que húmedo siempre resbalaría
como un amor feliz que escapa y vuelve...

Siento el mundo rodar bajo mis pies,
rodar ligero con siempre capacidad de estrella,
con esa alegre generosidad del lucero
que ni siquiera pide un mar en que doblarse.

Todo es sorpresa. El mundo destellando
siente que un mar de pronto está desnudo, trémulo,
que es ese pecho enfebrecido y ávido
que sólo pide el brillo de la luz.

La creación riela. La dicha sosegada
transcurre como un placer que nunca llega al colmo,
como esa rápida ascensión del amor
donde el viento se ciñe a las frentes más ciegas.

Mirar tu cuerpo sin más luz que la tuya,
que esa cercana música que concierta a las aves,
a las aguas, al bosque, a ese ligado latido
de este mundo absoluto que siento ahora en los labios.

Francisco de Quevedo
(1580-1645)

Amor impreso en el alma, que dura después de las cenizas

Si hija de mi amor mi muerte fuese,
¡qué parto tan dichoso que sería
el de mi amor contra la vida mía!
¡Qué gloria que el morir de amar naciese!

Llevara yo en el alma adonde fuese
el fuego en que me abraso, y guardaría
su llama fiel con la ceniza fría
en el mismo sepulcro en que durmiese.

De esotra parte de la muerte dura
vivirán en mi sombra mis cuidados
y más allá del Lethe* mi memoria.

Triunfará del olvido tu hermosura,
mi pura fe y ardiente de los hados,
y el no ser por amar será mi gloria.

---

* *Lethe*. Uno de los ríos del infierno, aquí como sinónimo de "muerte".

Garcilaso de la Vega
(1501-1536)

Villancico

Nadie puede ser dichoso,
señora, ni desdichado,
sino que os haya mirado.

Porque la gloria de veros
en ese punto se quita
que se piensa mereceros.

Así que, sin conoceros,
nadie puede ser dichoso,
señora, ni desdichado,
sino que os haya mirado.

Jorge Manrique
(1440-1479)

*A*cordaos, por Dios, señora...

Acordaos, por Dios, señora,
quánto ha que comencé
vuestro servicio,
como un día ni una ora
nunca dexo ni dexé
de tal oficio.
Acordaos de mis dolores,
acordaos de mis tormentos
qu'é sentido,
acordaos de los temores
y males y pensamientos
qu'é sufrido.

Acordaos cómo en presencia
me hallastes siempre firme
y muy leal,
acordaos cómo en ausencia
nunca pude arrepentirme
de mi mal.
Acordaos cómo soy vuestro
sin jamás aver pensado

ser ageno,
acordaos cómo no muestro
el medio mal qu'é passado
por ser bueno.

Acordaos que no sentistes
en mi vida una mudança
que hiziesse;
acordaos que no me distes
en la vuestra una esperança
que biviesse.
Acordaos de la tristura
que siento yo por la vuestra
que mostráis;
acordaos ya, por mesura,
del dolor qu'en mí se muestra
y vos negáis.

Acordaos que fui sugeto
y soy a vuestra belleza
con razón;
acordaos que soy secreto,
acordaos de mi firmeza
y afición.
Acordaos de lo que siento
quando parto y vos quedáis
o vos partís;
acordaos cómo no miento,

aunque vos no lo pensáis
según dezís.

Acordaos de los enojos
que m'avés hecho passar
y los gemidos;
acordaos ya de mis ojos,
que de mis males llorar
están perdidos.
Acordaos de quánto os quiero
acordaos de mi desseo
y mis sospiros;
acordaos cómo si muero
destos males que posseo,
es por serviros.

Acordaos que llevaréis
un tal cargo sobre vos
si me matáis,
que nunca lo pagaréis
ant'el mundo ni ante Dios,
aunque queráis;
y aunque yo sufra paciente
la muerte y de voluntad
mucho lo hecho,
no faltará algún pariente
que dé quexa a la Ermandad
de tan mal hecho.

Después que pedí justicia,
torno ya pedir merced
a la bondad,
no por que aya gran cobdicia
de bevir, mas vos aved
ya piedad;
y creedme lo que os cuento,
pues que mi mote sabéis
que dize assí:
ni miento ni m'arrepiento,
ni jamás conosceréis
ál en mí.

   Cabo

Por fin, de lo que dessea
mi servir y mi querer
y firme fe,
consentid que vuestro sea,
pues que vuestro quiero ser
y lo seré.
Y perded toda la dubda
que tomastes contra mí
d'ayer acá,
que mi servir no se muda
aunque vos pensáis que sí,
ni mudará.

Luis de Góngora
(1561-1627)

Descripción de una dama

De pura honestidad templo sagrado,
cuyo bello cimiento y gentil muro,
de blanco nácar y alabastro duro
fue por divina mano fabricado:
    pequeña puerta de coral preciado,
claras lumbreras de mirar seguro,
que a la esmeralda fina el verde puro
habéis para viriles usurpado;
    soberbio techo, cuyas cimbrias de oro
al claro sol, en cuanto en torno gira,
ornan de luz, coronan de belleza;
    ídolo bello, a quien humilde adoro:
oye piadoso al que por ti suspira,
tus himnos canta, y tus virtudes reza.

Antonio Gala
(1936)

Alargaba la mano y te tocaba...

Alargaba la mano y te tocaba.
Te tocaba: rozaba tu frontera,
el suave sitio donde tú terminas,
sólo míos el aire y mi ternura.
Tu moras en lugares indecibles,
indescifrable mar, lejana luz
que no puede apresarse.
Te me escapabas, de cristal y aroma,
por el aire, que entraba y que salía,
dueño de ti por dentro. Y yo quedaba fuera,
en el dintel de siempre, prisionero
de la celda exterior.
                      La libertad
hubiera sido herir tu pensamiento,
trasponer el umbral de tu mirada,
ser tú, ser tú de otra manera. Abrirte,
como una flor, la infancia, y aspirar
su esencia y devorarla. Hacer
comunes humo y piedra. Revocar
el mandato de ser. Entrar. Entrarnos

uno en el otro. Transponer los últimos
límites. Reunirnos...

Alargaba la mano y te tocaba.
Tu mirabas la luz y la gavilla.
Eras luz y gavilla, plenitud
en ti mismo, rotundo como el mundo.
Caricias no valían, ni cuchillos,
ni cálidas mareas. Tú, allí, a solas,
sonriente, apartado, eterno tú.
Y yo, eterno, apartado, sonriente,
remitiéndote pactos inservibles,
alianzas de cera.
                Todo estuvo
de nuestra parte, pero
cuál era nuestra parte, el punto
de coincidencia, el tacto
que pudo ser llamado sólo nuestro.

Una voz, en la calle, llama y otra
le responde. Dos manos se entrelazan.
Uno en otro, los labios se acomodan;
los cuerpos se acomodan. Abril, clásico,
se abate, amparador de los encuentros.
¿Esto era amor? La soledad no sabe
qué responder: persiste, tiembla, anhela
destruirse. Impaciente
se derrama en las manos ofrecidas

Una voz en la calle... Cuánto olor,
cuánto escenario para nada. Miro
tus ojos. Yo miro los ojos tuyos;
tú, los míos: ¿esto se llama amor?

Permanecemos. Sí, permanecemos
no indiferentes, pero diferentes. Somos
tú y yo: los dos, desde la orilla
de la corriente, solos, desvalidos,
la piel alzada como un muro, solos
tú y yo, sin fuerza ya, sin esperanza.
Idénticos en todo,
sólo en amor distintos.
La tristeza, sedosa, nos envuelve
como una niebla: ése es el lazo único;
ésa la patria en que nos encontramos.
Por fin te identifico con mis huesos
en el candor de la desesperanza.
Aquí estamos nosotros: desvaídos
los dos, borrados, más difíciles,
a punto de no ser... ¿Amor es esto?
¿Acaso amor es esta no existencia
de tanto ser? ¿Es este desvivirse
por vivir? Ya desangrado
de mí, ya inmóvil en ti, ya
alterado, el recuerdo se reanuda.
Se reanuda la inútil exigencia...
Y alargaba la mano, y te tocaba.

Andrew Marvell
(1621-1678)

A su esquiva amante

Más tiempo el tiempo, más el mundo, ¡y nuestros!,
no fuera crimen tu esquivez, señora.
Sentados los caminos pensaríamos
dónde apurar de un lento amor las horas:
tú, por el Ganges y sus rojas aguas,
tributo de rubíes; por el Húmber
yo y mi pena, amargando su marea.
Desde el Diluvio en cerco, cederías
hasta la Conversión de los Judíos:
más vasto que un Imperio crecería
mi vegetal amor, y más despacio.
Un siglo en alabanza de tus ojos,
cien años más en contemplar tu frente
y el doble en adorar entrambos pechos.
Más treinta mil cada secreta parte.
Por revelar el pie, la ceja, el rizo,
un haz de siglos y una edad entera
para tu corazón, sol de tu cuerpo.
Por ti, señora, pródigo no fuera
dilapidando siglos, eras, astros.

Mas a mi espalda, cada vez más cerca,
del tiempo escucho siempre el carro alado
y frente a mí despliega sus desiertos
la vacua eternidad; ya disipada
tu hermosura y mi voz vuelta fantasma
de tu deshecho oído, tu obstinada
virginidad abierta será brecha
al asalto callado del gusano:
polvo serás, cenizas mi deseo.
La tumba es aposento solitario:
si allí nadie te ve, nadie te besa.

Mientras tu piel se encienda con tu sangre
como se enciende con el sol el alba,
mientras tu ser transpire deseoso
por cada poro fuegos perentorios,
goza, gocemos hoy, mientras se puede.
Antes a tiempo al tiempo devoremos
como amorosos pájaros de presa
que entre sus lentas fauces consumirnos.
Acumulemos toda nuestra fuerza,
toda nuestra dulzura, en una esfera,
y las puertas de hierro de la vida,
en la brutal porfía desgarrados,
abra nuestro placer: si no podemos
parar el sol, ¡que gire más de prisa!

John Donne
(1572-1631)

Elegía a la amada antes de acostarse
(Fragmento)

(...) Encadenarse en tus brazos es ser libre,
Allí donde mi mano se posa queda mi sello.
Tu completa desnudez es toda la alegría.
Como las almas van desnudas, así deben ir los cuerpos
A gozar una dicha plena. Los adornos en una mujer
Son como las esferas de Atlanta, que engañan la mirada.
Cuando una joya enceguece el ojo de un necio
su alma codicia la piedra o el metal, no la mujer.
Como ilustraciones, o vistosas portadas de libros
Para legos son las mujeres que se adornan,
Sólo se revelan a aquellos que sabemos leerlas.

Quiero conocerte, muéstrate,
Sé generosa como al dar a luz.
Aquí no hay pena ni inocencia.
He dejado caer mis ropas, sígueme,
¿Qué manto puede cubrirte más que mi cuerpo?

William Butler Yeats
(1865-1939)

Para Anne Gregory

"No habrá jamás hombre alguno
que a la desesperación arrojado
por esas grandes rampas
color miel en tus sienes,
sólo por ti misma te ame
y no por tu rubia cabellera."

"Puedo teñir no obstante mis cabellos
y hacer que castaños o negros,
o color zanahoria se tornen.
Así desesperados los hombres
podrían por mí misma adorarme
y no por mi rubia cabellera."

"Ayer he oído por la noche
a un viejo sacerdote afirmar
la existencia de un manuscrito
que prueba que sólo Dios, querida mía,
puede sólo por ti misma amarte
y no por tu rubia cabellera."

D. H. Lawrence
(1885-1930)

Quisiera conocer a una mujer...

Quisiera conocer a una mujer
que como una roja llamarada en el hogar
brille tras las ráfagas del día.

Para poder acercarme a ella
en la dorada paz del crepúsculo
y hallar a su lado verdadero placer
sin el esfuerzo de amarla por cortesía,
ni de conocer su pensamiento.
Sin sentir un escalofrío en mi cuerpo cuando le hablo.

Edgar Allan Poe
(1809-1849)

Annabel Lee

Sucedió hace muchos, muchos años,
en un reino junto al mar.
Allí vivía una doncella conocida
por el nombre de Annabel Lee;
y esa doncella no vivía con otro pensamiento
que el de amarme y que yo la amara.

Yo era un chiquillo y ella una chiquilla,
en aquel reino junto al mar:
Pero nos amábamos con un amor que era más que
                                                     amor—
mi Annabel Lee y yo—.
Con un amor que los alados serafines del cielo
nos tenían envidia.

Y éste fue el motivo por el que, hace mucho tiempo,
en aquel reino junto al mar,
un viento llegó desde una nube, helando
a mi hermosa Annabel Lee;
entonces vino aquel hidalgo pariente suyo
y la apartó de mi lado,

para encerrarla en un sepulcro
en aquel reino junto al mar.

Los ángeles que no eran tan felices en el cielo,
nos tenían envidia
—¡Sí! —éste fue el motivo (como toda la gente sabe,
en aquel reino junto al mar)
para que el viento viniera por la noche desde la nube,
helando y matando mi Annabel Lee.

Pero nuestro amor era mucho más fuerte que el amor
de aquellos que eran más viejos que nosotros
—de muchos que sabían más que nosotros—
y ni siquiera los ángeles allá arriba en el cielo,
ni los demonios en las profundidades del mar,
podrán nunca separar mi alma del alma
de la hermosa Annabel Lee.

Jamás brilla la luna, sin que yo sueñe
con la hermosa Annabel Lee;
jamás salen las estrellas, sin que yo sienta los brillantes
⠀⠀⠀⠀⠀⠀⠀⠀⠀⠀⠀⠀⠀⠀⠀⠀⠀⠀⠀⠀⠀⠀⠀⠀⠀⠀⠀⠀ojos
de la hermosa Annabel Lee;
y así, durante toda la noche, permanezco tendido al
⠀⠀⠀⠀⠀⠀⠀⠀⠀⠀⠀⠀⠀⠀⠀⠀⠀⠀⠀⠀⠀⠀⠀⠀⠀⠀⠀⠀lado
de mi querida, mi querida, mi vida y mi esposa,
allá en el sepulcro junto al mar
en su tumba junto al mar sonoro.

E. E. Cummings
(1894-1962)

Poema

en algún lugar que nunca he visitado, detrás
de alguna grata experiencia, tus ojos tienen su silencio:
en tu más débil gesto hay cosas que me encierran,
o que no puedo tocar porque están demasiado cerca

tu mirada más fugaz puede fácilmente abrirme,
aunque me haya cerrado como dedos
me abres siempre, pétalo a pétalo, como la primavera abre
(tocando hábil y misteriosamente) su primera rosa

o si cerrarme fuera tu deseo, yo y
mi vida nos cerraríamos de pronto, del modo más bello,
como cuando el corazón de una flor imagina
la nieve descendiendo cuidadosa por todas partes;

nada de lo que nos es dado percibir en este mundo
                                                       iguala
el poder de tu intensa fragilidad, cuya trama
me somete con el color de sus países,
otorgando la muerte y la eternidad con cada suspiro

(no sé que hay en ti que cierra
y que abre; sólo algo en mí comprende
que la voz de tus ojos es más profunda que todas las
rosas)
nadie, ni siquiera la lluvia, tiene manos tan pequeñas

Leopoldo Lugones
(1874-1938)

Balada del fino amor

> *Voi che sapete ragionar d'amore,*
> *Udite la ballata mia pietosa.*
> DANTE
> *Vita Nuova,* ballata IV

I

Bajo el remoto azul de un cielo en calma,
Y al susurrar de la alameda umbría,
Para tu elogio he de contar un día
Cómo fue que el amor nos llegó al alma.

Cómo fue... ¿Pero, acaso, no es sabido
El modo de venir que tiene el ave,
Cuando recobra, peregrina y suave,
La solitaria intimidad del nido?

¿O alguien ignora lo que pasa, cuando
La luna de las flébiles congojas,
A través de las almas y las hojas,
Derrama sombra y luz, como llorando?

¿Y habrá quien no haya visto en un inerte
Crepúsculo de gélidos candores,
Caer las violetas ulteriores,
De las lánguidas manos de la muerte?

II

Morir por ti, dice el eterno idioma
Con que se oferta el corazón amigo.
Voz de amada y arrullo de paloma,
Responden a su vez: morir contigo...

Morir, porque mejor luzca el empeño
De probar justamente que bien se ama,
Así como más claro alumbra el leño
Cuando le muerde el corazón la llama.

Morir de amor con la querida pena
Que eterniza en la muerte la ventura:
Desmayo de alabastro que serena
La propia perfección de su hermosura.

Morir como la noche cuando aclara,
Y al caer hacia el ámbito postrero,
Finge un cárdeno lirio que volcara
La gota palpitante del lucero.

III

Amor que en una soledad de perla
Veló el misterio de su aristocracia,
Donde, sino el encanto de tu gracia,
No hay otro que estar triste de no verla.

Dichosa angustia de buscar tus manos,
Como si en la tristeza incomprendida
De tus ojos profundos y lejanos,
Hubiera ya un comienzo de partida.

Trémula adoración que es el sustento
De aquella aroma que tu ser resume:
Levedad generosa del perfume
Cuya vida es un desvanecimiento.

Ligero llanto en que la dicha emana
Su obscura plenitud de noche bella.
Inquietud de mirarte tan lejana
Y tan azul, que te me has vuelto estrella.

Juan L. Ortiz
(1897-1978)

Mujer que el viento tienes...

Mujer que el viento tienes
del primer día en tus ojos,
y de la noche primera
en tus pestañas ajadas.
Dahlia creciente tus cejas
son, que maduran las noches
más dulces para el amor,
o arcos en que palpitan
cielos de golondrinas.

Tu boca abre la punta
en que arde una muerte
más honda que la del vino
y que la de la misma música,
y en las líneas de tu cuerpo
se estiran las curvas más
tiernas de las manzanas.

Máximo Simpson
(1929)

Doña Berta

Escindida, expulsada, peregrina,
tan próxima a mi puerta, a mi arcoiris.

Oh reloj a destiempo,
aciago minutero desbordado:
me mira desde altos ventanales,
desde mesetas verdes.

Mira desde la tarde
donde vive dispersa, pensativa,
ya perdida, remota,
soñolienta,
         sembrada entre el rocío,
extendida,
         doliente,
                  separada.

Me mira desde un íntimo otoño,
desde ocultas fontanas.

Tan pequeña entre el musgo,
tan sola en la intemperie.

Roque Dalton
(1933-1975)

Atado al mar

Entre la espuma sucia, bajo los desechos
de los conglomerados,
entre los regalos forzosos del río,
de su veloz crueldad,
entre las fosforescencias crudas,
recién nacidas que otorga la luna,
cara a cara con este pedazo de vastedad
desde el hierro sonoro del muelle número siete,
haciendo ostentación de mi hambre colgada en la
     caña de pescar
veo tu nombre.

El agua es como el olvido, siempre presente,
y los aromas muertos
apenas son agujas tragadas por mi ensimismamiento.
Yo, el hambre y tu rostro,
el mar lento y lo que sobrenada
tal el paisaje.

¿Martes, la medianoche, Octubre?

(Cuando niño quería huir
del mar al mar en un velero blanco.
Pero la orilla no es el mar, la orilla
tiene uñas poderosas, garras que atrapan para siempre

y que te dan miseria, amor (¡amor!),
un pedazo de tela por qué luchar para cubrir los huesos,
un escombro de vino, un número de fila
para esperar todos los días un pétalo de niebla.
En la orilla nace la culpa, se hace sueño la culpa.)

¿Martes, la medianoche, Octubre, año final
de mi desesperación —tan prudente
la pobrecita hasta ahora—?
Tu rostro permanece en mi sueño culpable,
derrota las vecindades agudas.

Ven, flor de frío, quédate hasta muy tarde
conmigo,
déjame la ceguera.

Evaristo Carriego
(1883-1912)

La que hoy pasó muy agitada

¡Qué tarde regresas!... ¿Serán las benditas
locuaces amigas que te han detenido?
¡Vas tan agitada!... ¿Te habrán sorprendido
dejando, hace un rato, la casa de citas?

¡Adiós, morochita!... Ya verás, muchacha,
cuando andes en todas las charlas caseras:
sospecho las risas de tus compañeras
diciendo que pronto mostraste la hilacha...

Y si esto ha ocurrido, que en verdad no es poco,
si diste el mal paso, si no me equivoco
y encontré el secreto de esa agitación...

¿Quién sabrá si llevas en este momento
una duda amarga sobre el pensamiento
y un ensueño muerto sobre el corazón?

Horacio Armani
(1925)

La doble imagen

Cuando me iba pensé en ti:
en la mirada de tu ojo triste
y en el temblor de tu ojo alegre;
porque cada pupila es la mitad de tu alma
y tu alma llora y ríe alternativamente
y nos dice que sí, que no, que sí,
y para cada instante tiene
una lágrima dulce y una lágrima amarga.

Al regresar pensaba en ti:
en la desesperada sonrisa que es tu cuerpo;
tu cuerpo, una mitad tan niña y mitad tan mujer
—posibilidad de pasión y certeza de infancia—;
tu cuerpo, aún inconsciente de ser tan solo un cuerpo
cruzado y recorrido por arterias, por miedos,
por hoyuelos graciosos y gestos perdurables;
tu cuerpo, que en sí mismo se refleja y reclina
como el alma del agua mirándose a un espejo.

Al despertar aún pensaba en ti:
pensaba en el milagro desigual de tu voz,

belleza cuya niñez permite comprender tanta espera,
comprender que no es vana la pasión de escucharte,
que todas las palabras dichas por ti hasta ahora
son la mitad tan sólo, son el claro hemisferio
de este mar silencioso que aún en ti permanece
creándose y oculto para un día clarísimo
donde voz y silencio serán dación de gracia.
¡Ay! sonido que nace como un mimado sueño,
¿con qué temblor mereceremos esa fluencia absolutoria?

Cuerpo, voz y mirada que son mitad tan sólo
de un designio más alto que este destino nuestro:
la miseria no podrá derrotarlos; la desdicha
no ha de usurpar su lento continuar azulándonos,
porque al dolor y al miedo vencieron simplemente existiendo
y la mitad de su alma, la mitad de su sangre, la mitad
                                                              de su vida
son la justificable persuasión de la gracia:
rosa con que engañamos nuestra sombra en la tierra,
camino que elegimos para andar hasta Dios.

Carlos Ortiz
(1870-1910)

Galantería

Te han dicho que eres bella, pues no lo creas:
A mi gusto bella eres entre las feas.
No te ofendas por esto. —¿Te has enojado?—
Es que todas muy feas son a tu lado.

Enrique Molina
(1910-1996)

*L*a mujer de los pechos oscilantes...

La mujer de los pechos oscilantes
deja posar sobre ellos
        a las mariposas,

al temblor de las hojas en la brisa,
al aullido del gato nocturno.
Sus dientes destilan un licor muy dulce,
se producen también circunstancias incitadoras de
        fantasías
y hay más descripciones.
        ¿Qué se ha visto?
Madonas inasibles yacentes en pantanos perfumados,
sinfonías de lo profundo del ser en los más hondos
        soles corporales,
vestigios de la dicha
cuya llama se irisa en la médula, un clamor
en la concavidad desolada del día.

Ella cubre sus muslos y sus brazos
        con jaleas salvajes,
aceite de palmera sobre la arena suave,

a sus espaldas el insondable paisaje del océano,
vendedora de choclos calientes y jugo de ananá,
invoca la endemoniada dicha de vivir en un país de
> ribera de las moscas.
Frutas agujereadas, amores inhóspitos, deserciones,
pasajeros que esperan en vano que el tren se detenga
mientras corre sin fin a través de los campos
> polvorientos

Armando Tejada Gómez
(1929-1992)

Historia de tu ausencia
(Fragmento)

Si ahora digo amor tal vez no diga
que la ausencia me mira del fondo de tus ojos,
que aquí estuvimos juntos,
                      que fue hermoso
y que el sol conocía tu perfil de memoria.
Tal vez sea imposible que alguien sepa lo claro,
lo luz que fue llevarte de la mano pequeña
como a un tallo mecido por un viento de música
hacia los territorios donde aguarda el silencio.

Y ya que estás distante,
                      qué pensarán los árboles,
qué dirán las canciones,
cómo verá la noche mi soledad de río;
dónde pondrán su ronda los niños de la tarde,
adónde irán los pájaros sin tu risa y mi silbo
y la calle tan sola con sus puertas inútiles
y las sombras sin besos
                      y los perros perdidos;

ahora que la ausencia me interrumpe la boca,
ahora que me esperas tan allá de los niños.

Se nos ha muerto el año.
                        Yo le veo el invierno
hecho de un solo frío,
                de un solo tajo solo
a la mitad de agosto,
                de una dura distancia
larga, definitiva.
Porque de pronto sobran los barcos,
                                los andenes
y de pronto este rumbo ya no tiene sentido
como si nadie fuera hacia ninguna parte
o alguien hubiera muerto a mitad de camino.

Alguien.
        Mi voz. Tu pelo. Las cosas que no dije.
La flor de tu vestido.
Se nos ha muerto el año donde dejé tu nombre
para que recobrara su condición de estío.

Ya no sé,
        nunca entiendo estas precarias sílabas,
cosas que no recuerdo de pronto me dominan:
¿te dije que tenías la piel como de humo?
¿que de estarme en tus ojos me conozco el origen?

¿te he enseñado el misterio de los árboles solos?
¿sabes ya que tus manos son dos siestas dormidas?

No sé,
        nunca recuerdo tanta distancia,
                                tanta
canción que no he cantado cuando anduvimos juntos.
Me dolería mucho no haberte dicho todo
lo que llevo en la boca casi como otra risa.

Héctor Pedro Blomberg
(1890-1950)

La pulpera de Santa Lucía

Era rubia y sus ojos celestes,
Reflejaban la gloria del día,
Y cantaba como una calandria
La pulpera de Santa Lucía

Era flor de la vieja parroquia:
¿Quién fue el gaucho que no la quería?
Los soldados de cuatro cuarteles
Suspiraban en la pulpería.

Le cantó el payador mazorquero
Con un dulce gemir de vihuelas
En la reja que olía a jazmines,
En el patio que olía a diamelas:

"Te quiero, pulpera,
¿Cuándo serás mía?
Oye las guitarras
De Santa Lucía..."

La llevó un payador de Lavalle
Cuando el año cuarenta moría:
Ya no alumbran sus ojos celestes
La parroquia de Santa Lucía.

Y volvió el payador mazorquero
A cantar en el patio vacío
La doliente y postrer serenata
Que llevábase el viento del río:

"¿Dónde estás, pulpera
Que no fuiste mía?
Lloran las guitarras
De Santa Lucía...".

Juan Gelman
(1930)

La muchacha del balcón

La tarde bajaba por esa calle junto al puerto
con paso lento, balanceándose, llena de olor,
las viejas casas palidecen en tardes como ésta,
nunca es mayor su harapienta melancolía
ni andan más tristes de paredes,
en las profundas escaleras brillan fosforescencias
                                como de mar,
ojos muertos tal vez que miran a la tarde como si
                                recordaran.

Eran las seis, una dulzura detenía a los desconocidos,
una dulzura como de labios de la tarde, carnal, carnal,
los rostros se ponen suaves en tardes como ésta,
arden con una especie de niñez
contra la oscuridad, el vaho de los dáncings.

Esa dulzura era como si cada uno recordara a una
                                mujer,
sus muslos abrazados, la cabeza en su vientre,
el silencio de los desconocidos
era un oleaje en medio de la calle

con rodillas y restos de ternura chocando
contra el "New Inn", las puertas, los umbrales de
                                    color abandono.

Hasta que la muchacha se asomó al balcón
de pie sobre la tarde íntima como su cuarto con la
                                    cama deshecha
donde todos creyeron haberla amado alguna vez
antes de que viniera el olvido.

Baldomero Fernández Moreno
(1886-1950)

Adoro tu manera menudita y brumosa...

Adoro tu manera menudita y brumosa,
hecha de pizcas grises y dorados reflejos,
de oscurecer el sol y de velar la rosa,
de mirar a los pies y mirar a lo lejos.

Me gusta verte quieta, fundida en el paisaje,
maraña de ladrillo, de sauces y de río,
inmóvil en la hoja lóbrega de tu traje...
Fundida en el paisaje, pero al costado mío.

Julio Cortázar
(1914-1984)

Después de las fiestas

Y cuando todo el mundo se iba
y nos quedábamos los dos
entre vasos vacíos y ceniceros sucios,

qué hermoso era saber que estabas
ahí como un remanso,
sola conmigo al borde de la noche,
y que durabas, eras más que el tiempo,

eras la que no se iba
porque una misma almohada
y una misma tibieza
iba a llamarnos otra vez
a despertar al nuevo día,
juntos, riendo, despeinados.

Mario Benedetti
(1920)

Una mujer desnuda y en lo oscuro

Una mujer desnuda y en lo oscuro
tiene una claridad que nos alumbra
de modo que si ocurre un desconsuelo
un apagón o una noche sin luna
es conveniente y hasta imprescindible
tener a mano una mujer desnuda

una mujer desnuda y en lo oscuro
genera un resplandor que da confianza
entonces dominguea el almanaque
vibran en su rincón las telarañas
y los ojos felices y felinos
miran y de mirar nunca se cansan

una mujer desnuda y en lo oscuro
es una vocación para las manos
para los labios es casi un destino
y para el corazón un despilfarro
una mujer desnuda es un enigma
y siempre es una fiesta descifrarlo

una mujer desnuda y en lo oscuro
genera una luz propia y nos enciende
el cielo raso se convierte en cielo
y es una gloria no ser inocente
una mujer querida o vislumbrada
desbarata por una vez la muerte

Sobre los autores

ABU AHMED BEN HAYYUN: Poeta sevillano, de origen árabe, que vivió en España durante el siglo XII, cuando la península se hallaba bajo el dominio musulmán.

ALBERTI, Rafael: (1903) Una de las figuras más vitales de la poesía española de este siglo, que ha sabido unir el lirismo con el compromiso político. Entre su vasta obra, puede nombrarse *Marinero en Tierra*, *Entre el clavel y la espada*, *Baladas y canciones del Paraná* y su autobiografía, *La arboleda perdida*.

ALEIXANDRE, Vicente: (1898-1984) Premio Nobel de Literatura en 1977, su extensa y delicada producción poética abarca libros memorables como *Historia del corazón, En un vasto dominio* y la serie de textos dedicados a la pintura de Pablo Picasso.

d'ANNUNZIO, Gabriele: (1863-1938). Célebre ya con su segundo libro de poemas, *Canto Novo*, y enseguida con *Intermezzo*, la obra de d'Annunzio, tanto alguna de sus novelas, como *El inocente*, o sus piezas teatrales como *El martirio de San Sebastián* provocaron el escándalo por su osadía.

ARIDJIS, Homero: (1940) Poeta y narrador mejicano, una de las figuras más importantes de la literatura actual de su país. De su vasta obra, pueden nombrarse *Antes del reino, Ajedrez-navegaciones* e *Imágenes para el fin del milenio*.

ARMANI, Horacio: (1925) Poeta y crítico literario argentino. Autor, entre otros, de *El grito de la vida, La vida de siempre* y *Los días usurpados.*

BAUDELAIRE, Charles: (1821-1867) Considerado como el fundador de la poesía lírica moderna, la aparición de su obra más famosa, *Las flores del mal*, le valió un juicio por obscenidad y sacrilegio. Otro de sus libros fundamentales es *Los paraísos artificiales*.

BÉCQUER, Gustavo Adolfo: (1836-1870) Poeta romántico español nacido en Sevilla cuyas famosísimas *Rimas* forman ya parte de la tradición lírica popular. También recuperó varios relatos en sus *Leyendas*.

BEN AL-SABUNI: Poeta árabe, que vivió en Sevilla en el siglo XIII cuando esa ciudad española estaba bajo el gobierno de los moros.

BENEDETTI, Mario: (1920) Novelista, poeta y ensayista uruguayo, cuyas creaciones, tanto en prosa como en verso, han alcanzado una notable repercusión. Entre sus libros pueden señalarse *La Tregua, Primavera con una esquina rota* e *Inventario*

BETTOCHI, Carlo: (1899-1974) Poeta italiano, uno de los fundadores del movimiento conocido como "Il Frontespicio". Entre su obra, de fuerte religiosidad y de orientación católica, pueden señalarse *La realidad vence al sueño, Otras poesías* y *El estado de San Martino*.

BLOMBERG, Héctor P. (1890-1950) Popular escritor argentino, autor teatral y de canciones. Sus obras más conocidas son *La pulpera de Santa Lucía, La mulata del restaurador* y *La leona de los llanos*.

BRETON, André: (1896-1966) Poeta y novelista francés, uno de los fundadores del surrealismo y autor de sus manifiestos más importantes y polémicos. Entre sus obras, *Nadia, Los campos magnéticos* y *El amor loco*.

CAPRONI, Giorgio: (1912-1990) Poeta italiano de la escuela hermética. Tras un breve paso por la narrativa, sus principales obras líricas son: *La semilla del llanto, Despedida del viajero ceremonioso, Otras prosopopeyas* y *El muro de la tierra*.

CARRIEGO, Evaristo: (1883-1912) Nacido en Paraná (Entre Ríos) y afincado en Buenos Aires, fue el cantor de la vida de los barrios, en una mezcla de sentimentalismo e ironía. Publicó *Misas Herejes, El alma del suburbio* y *La canción del barrio,* entre otros.

CORTÁZAR, Julio: (1914-1984) Cuentista y novelista, sus obras en prosa siguen gozando de gran repercusión en el público. Menos conocida pero no menos valiosa es su obra poética. Entre sus libros más conocidos se encuentran *Rayuela, Bestiario* y *Todos los fuegos, el fuego.*

CUMMINGS, E.E.: (1894-1962) Poeta norteamericano de gran influencia en la lírica de su país, su obra abarca varios géneros: la novela, el ensayo, el teatro e incluso la pintura. Su estilo novedoso puede leerse en libros como *Tulipanes y Chimeneas, Xaipe* o en las varias ediciones de sus *Poemas completos.*

DALTON, Roque: (1933-1975) Poeta salvadoreño que sufrió el exilio por sus ideas políticas. Entre sus libros, *La ventana en el rostro, El mar* y *El turno del ofendido.*

DARÍO, Rubén: (1867-1916) Poeta nicaragüense, fundador del modernismo hispanoamericano, de notable influencia en la poesía del continente y de España. Su refinamiento y sutileza puede leerse en libros como *Azul, Prosas Profanas* y *Cantos de vida y esperanza.*

DESNOS, Robert: (1900-1945) Asociado con el grupo surrealista, este poeta francés ha compuesto una obra a medio camino entre lo moderno y lo tradicional. Entre sus libros se destacan *Prospectos, El faro de los argonautas* y *Penalidades del infierno.*

DONNE, John: (1572-1631) Luego de una etapa como escritor satírico, este poeta inglés vistió los hábitos y dedicó la última parte de su obra a la poesía religiosa que es la que más ha trascendido. Entre sus libros, *Una anatomía del mundo* y *El progreso del alma.*

ÉLUARD, Paul: (1895-1952) Una agitada vida política, incluso como combatiente de la resistencia, no le impidió a este poeta francés convertirse en uno de los más populares en su país, a través de libros como *Poesía interrumpida, Los hermanos voladores* y *Una lección de moral,* entre otros.

FERNÁNDEZ MORENO, Baldomero: (1886-1950) Creador de la escuela conocida como sencillismo, embarcada en una visión intimista de lo cotidiano. Entre su extensa obra pueden señalarse *Las iniciales del misal, Ciudad, Por el amor y por ella* y *Versos de Negrita.*

GALA, Antonio: (1936) Poeta, novelista y ensayista español. Ha incursionado también en el periodismo. Entre sus obras más conocidas, *Sonetos de la Rubia* y *La regla de tres.*

GARCÍA LORCA, Federico: (1899-1936) Asesinado por el franquismo, este poeta andaluz brilló tanto en las composiciones líricas -donde rescató muchas formas populares de su tierra- como en el teatro. *Romancero gitano, Yerma* y *Bodas de sangre* están entre sus obras más conocidas.

GARCILASO DE LA VEGA: (1501-1536) Garcilaso se ha convertido, pese a la brevedad de su obra, en uno de los nombres capitales de la poesía española. Sus sonetos, coplas, elegías y églogas muestran un manejo admirable de la musicalidad del idioma.

GAUTIER, Téophile: (1811-1872) Una de las figuras fundamentales del romanticismo francés, autor, entre otros, de *Comedia de la muerte, Los grotescos* y *El capitán Fracasse,* tal vez su obra más célebre.

GELMAN, Juan:(1930) Poeta argentino cuya original obra mezcla la reflexión política, la búsqueda de nuevas formas de expresión y un trabajo con la tradición poética nacional.

Entre sus obras pueden nombrarse *Gotán, Cólera Buey* y la serie de *Interrupciones.*

GOETHE, Johann Wolfgang von: (1749-1832) Durante casi medio siglo, Goethe fue en Alemania el nombre de la literatura. Su vastísima obra recorre la dramaturgia, el ensayo, la poesía y la novela. Algunos de sus textos más célebres: *Fausto, Werther, Germán y Dorotea* y *Las aventuras de Wilhem Meister.*

GÓNGORA, Luis de: (1561-1627) Una de las grandes figuras del Siglo de Oro español, fundador del llamado culteranismo. Su mejor poesía se encuentra en sus *Soledades.*

GUILLÉN, Jorge: (1893-1984) Poeta español, cuya intensa producción lírica incluye textos como *Cántico, Clamor* y *Homenaje.* También reunió sus ensayos sobre autores españoles en *Lenguaje y poesía.*

HERNÁNDEZ, Miguel: (1910-1942) Muerto en las prisiones del franquismo, este poeta español ha compuesto varios libros de poemas —entre ellos *Perito en lunas, El rayo que no cesa* y *Cancionero y romancero de ausencias*— que reflejan en una lengua a la vez lírica y simple la dura primera mitad del siglo en España.

HUGO, Victor: (1802-1885) Considerado en su tiempo como el gran poeta nacional francés y uno de los fundadores del romanticismo en ese país, es autor, además de varios libros de poesía, de novelas —*Los miserables y Nuestra Señora de París*— y obras de teatro —*Hernani*—.

LAWRENCE, D.H.:(1885-1930) Novelista, ensayista y poeta inglés, cuya obra más conocida, *El amante de Lady Chatterley,* fue ferozmente perseguida por la censura. Algunas de sus obras: *La serpiente emplumada, Mujeres enamoradas* e *Hijos y amantes.*

LOPE DE VEGA, Félix: (1562-1635) Poeta y dramaturgo español, una de las figuras centrales del Siglo de Oro. Entre sus obras más conocidas, *Fuenteovejuna, Peribañez y el comendador de Ocaña* y *El mejor alcalde, el rey.*

LUGONES, Leopoldo: (1874-1938) Considerado durante un extenso período como el escritor argentino por antonomasia, Leopoldo Lugones recorrió la poesía —*Los crepúsculos del jardín, Lunario sentimental*—, la narrativa —*La guerra gaucha, Las fuerzas extrañas*— y el ensayo, *Historia de Sarmiento.*

MACHADO, Antonio: (1875-1939) Figura fundamental de la llamada "generación del '27", con una lengua sencilla y profunda, Machado ha escrito prosas e inolvidables poemas como los que recogen sus *Soledades.*

MANRIQUE, Jorge: (1440-1479) Poeta cortesano español, autor de Canciones y decires a la manera provenzal, *La Profesión, La escala* y *El castillo del amor.* Su obra más célebre son las *Coplas a la muerte de su padre,* publicadas póstumamente en 1492.

MARTÍ, José: (1853-1895) Poeta y patriota cubano, luchador por la independencia de su país. Vivió la mayor parte de su vida en el exilio donde escribió, entre otros, *Versos libres, Versos sencillos, Nuestra América* y *La edad de oro.*

MARVELL, Andrew: (1621-1678) La mayor parte de la no muy extensa obra de este poeta inglés, se dedicó a la política, mezclando elogios a Cromwell con feroces sátiras contra la monarquía.

MOLINA, Enrique: (1910-1996) Poeta argentino con una voz personal que puede leerse en libros como *Fuego libre, Hotel pájaro, El ala de la gaviota* y en su novela *La sombra donde dormía Camila O'Gorman.*

MORAES, Vinicius de: (1913-1980) Famoso por su participación en la "bossa nova" en especial como letrista de las canciones de la película "Orfeo Negro", de Moraes ha escrito varios libros de poemas entre los cuales el más conocido es *Para vivir un gran amor.*

MOURÃO FERREIRA, David: (1927) Poeta portugués. Entre sus textos, pueden nombrarse *El arte de amar* y *Entre la sombra y el cuerpo.*

MUSSET, Alfred de: (1810-1857) Poeta y narrador francés, de fuerte impronta romántica, incursionó tanto en la lírica como en arte dramático y en el relato de viajes.

NERUDA, Pablo: (1904-1973) Premio Nobel de Literatura en 1971, la original e influyente obra del poeta chileno se extiende desde *Residencia en la Tierra* y *Veinte poemas de amor y una canción desesperada* hasta *Canto general* y *Memorial de la Isla Negra,* entre tantos otros.

NERVAL, Gerard de: (1808-1855) Una de las figuras centrales del romanticismo en Francia. Sus obras más famosas, *Aurelia* y *Sylvia o las hijas del fuego* muestran una prosa lírica con fuerte contenido esotérico.

ORTIZ, Carlos: (1870-1910) Poeta simpatizante de ideas progresistas y vinculado al socialismo y al anarquismo. El 2 de marzo de 1910 fue baleado por una turba conservadora. Recibió el influjo de Rubén Darío. Publicó *Rosas del crepúsculo* (1899) y *El poema de las mieses* (1902); luego de su muerte sus composiciones sueltas e inéditas fueron publicadas en cuatro series: *El grito de los fuertes, El cuerno florido, Mensajes Líricos* y *Cantos de amor, de esperanza y de duda.*

ORTIZ, Juan L.: (1897-1978) La extensa, formidable y dispersa obra de este poeta entrerriano compuesta desde un lugar retirado sin más afán que la propia búsqueda literaria fue recopilada en tres volúmenes bajo el título de *En el aura del sauce.*

PAVESE, Cesare: (1908-1950) Tanto la prosa como los poemas de este escritor italiano son una indagación en las formas que asume la percepción individual. Tanto sus libros de poemas, *La muerte vendrá y tendrá tus ojos,* como sus relatos *(Tu país)* y su diario personal son una muestra de perfección y sutileza.

PESSOA, Fernando: (1888-1935) Poeta portugués, que escribió su obra (que incluye ensayos y relatos) bajo diversos seudónimos en los que fue ensayando diferentes estilos siempre con un vuelo lírico notable.

PETRARCA, Francesco (1304-1374) Laura, la amada platónica, es el objeto de la mayoría de los poemas de este florentino que escribió su obra durante el Renacimiento en obras como *Mi secreto o del desprecio del mundo* o *La vida retirada.*

POE, Edgar Allan: (1809-1849) A pesar de ser más conocido por sus cuentos, este escritor norteamericano no sólo publicó una extensa obra lírica, sino que teorizó sobre ella, en especial en torno a su poema más conocido, *El Cuervo*.

PRÉVERT, Jacques: (1903-1977) Luego de romper con el surrealismo para encontrar su camino en la canción, este poeta francés mantuvo, empero, el gusto por los juegos de palabras que se advierte con placer en libros como *Palabras o Historias* y en los guiones cinematográficos que escribió como E*l muelle de las brumas* o *Las puertas de la noche*.

QUEVEDO, Francisco de: (1580-1645) Seguramente la pluma más brillante del Siglo de Oro español, Quevedo ha legado, además de muchos poemas memorables, esas muestras de ingenio y buen humor que son *La vida del buscón* y *Sueños y Discursos*.

RONSARD, Pierre de: (1524-1585) Poeta francés, de orientación clásica, ha dejado una obra bastante extensa, que incluye, entre otros, sus *Odas, Los amores* y *Sonetos para Helena*.

SALINAS, Pedro: (1891-1951) Poeta español, en el que se reúne el sentimiento religioso con la delicadeza de la percepción. Entre sus obras: *Presagios, Fábula y signo* y *La voz a ti debida*.

SIMPSON, Máximo: (1929) Poeta argentino, que ejerce la docencia universitaria. Entre sus libros figuran: *Tupac Amaru, Poemas del hotel melancólico* y *Estación*.

TEJADA GÓMEZ, Armando: (1929-1992) Poeta y narrador mendocino. Su nombre ha quedado asociado a canciones como *Cuando tenga la tierra* o *Canción con todos*. Entre su vasta obra, puede señalarse *Tonadas para usar, Canto popular de las comidas* y *Profeta en su tierra*.

VERLAINE, Paul: (1844-1896) Figura fundamental del simbolismo francés de fines del siglo XIX, es autor de *Poemas saturninos-Fiestas galantes, Romances sin palabras,* además de varias páginas en prosa casi tan memorables como sus poemas.

YEATS, William Butler: (1865-1939) Poeta irlandés, entre sus obras pueden mencionarse *Los viajes de Oisin, Una Visión* y varios voluménes de *Autobiografías*. Obtuvo el Premio Nobel de Literatura en 1923.

Fuentes

ABU AHMED BEN HAYYUN, "La bella de los lunares", *Poesía arábigo-andaluza,* Austral, Barcelona, 1979.

ALBERTI, Rafael, "Retornos del amor en los vividos paisajes", *Poemas del destierro y de la espada,* Espasa Calpe, Madrid, 1976.

ALEIXANDRE, Vicente, "A ti, viva", *La destrucción o el amor. En Poesía y prosa. Biografía,* Ediciones de Leopoldo Luis, Bruguera, Barcelona, 1982.

d'ANNUNZIO, Gabriele, "Las mujeres", *Maia.* En *Poesía Italiana Contemporánea,* Prólogo, selección y traducción de Horacio Armani, Litoral Ediciones Unesco, 1994.

ARIDJIS, Homero "Anfora para la fluidez implacable del origen", *Antes del reino.* En *Obra Poética (1960-1990),* Planeta, México, 1987.

ARMANI, Horacio, "La doble imagen", *Antología poética,* Fondo Nacional de las Artes, Buenos Aires, 1996.

BAUDELAIRE, Charles, "Madrigal Triste", *Les Fleures du mal,* Aux Quais de Paris, París, 1963. (Traducción: María Fasce.)

BÉCQUER, Gustavo Adolfo, "Cruza callada y son sus movimientos", *Rimas. Leyendas. Cartas desde mi celda,* Planeta, Barcelona, 1996.

BEN-AL SABUNI, "La túnica roja", *Poesía arábigo-andaluza,* Austral, Barcelona, 1979.

BENEDETTI, Mario, "Una mujer desnuda y en lo oscuro", en *Antología poética,* Espasa Calpe, Buenos Aires, 1994.

BETTOCHI, Carlo, "Canto de mujer", *Fine di stagione.* En *Poesía Italiana Contemporánea,* Prólogo, selección y traducción de Horacio Armani, Litoral Ediciones Unesco, 1994.

BLOMBERG, Héctor Pedro, "La pulpera de Santa Lucía", *Poesías. Sus mejores canciones,* Librerías Anaconda, Buenos Aires, 1935.

BRETON, André, "Unión libre", *Antología de la poesía surrealista,* Argonauta, Buenos Aires, 1981.

CAPRONI, Giorgio, "Mujer que abre litorales", *Finzioni.* En *Poesía Italiana Contemporánea,* Prólogo, selección y traducción de Horacio Armani, Litoral Ediciones Unesco, 1994.

CARRIEGO, Evaristo, "La que hoy pasó muy agitada", *La costurerita que dio el mal paso.* En *La canción del barrio y otros poemas,* Biblos, Buenos Aires, 1985.

CORTÁZAR, Julio, "Después de las fiestas", *Veredas de Buenos Aires y otros poemas,* Espasa Calpe, Buenos Aires, 1995.

CUMMINGS, E. E., "Poema", *100 selected poems,* Nueva York, Grove Weidenfeld, 1959. (Traducción: María Fasce.)

DALTON, Roque, "Atado al mar", *Atado al mar y otros poemas,* Espasa Calpe, Buenos Aires, 1995.

DARÍO, Rubén, "Versos de otoño", *El canto errante.* En *Antología,* Espasa Calpe, Buenos Aires, 1995.

DESNOS, Robert, "Tanto soñé contigo", *Corps et liens.* En *Antología de la poesía surrealista,* Argonauta, Buenos Aires, 1981.

DONNE, John, "Elegía a la amada antes de acostarse" (fragmento), *The Poems of John Donne,* Londres, Oxford University Press. (Traducción: María Fasce.)

ÉLUARD, Paul, "La amada", *Mourir de ne pas mourir,* Gallimard, París, 1924. (Traducción: María Fasce.)

FERNÁNDEZ MORENO, Baldomero, "Adoro tu manera menudita y brumosa". En *Setenta balcones y ninguna flor,* Planeta, Buenos Aires, 1997.

GALA, Antonio, "Alargaba la mano y te tocaba", *Poemas de amor,* Planeta, Barcelona, 1997.

GARCÍA LORCA, Federico, "El poeta pide a su amor que le escriba".

Yo pronuncio tu nombre. Sus mejores poemas de amor, Poesía Planeta, Buenos Aires, 1997.

DE LA VEGA, Garcilaso, "Villancico", *Canciones.* En *Poesía completa,* Austral, Madrid, 1994.

GAUTIER, Téophile, "Ultimo deseo", *Esmaltes y camafeos.* En *Poetas románticos franceses.* Introducción, traducción y notas de Carlos Pujol, Planeta, Barcelona, 1990.

GELMAN, Juan, "La muchacha del balcón", *Gotán,* Seix Barral, Buenos Aires, 1996.

GOETHE, Johann Wolfgang von, "A la condesa Titinna O'Donnell". En *Obras Completas.* Tomo I. Aguilar, 1991, Traducción: Rafael Cansinos Assens.

GÓNGORA, Luis de "Descripción de una dama", *Antología.* Austral, Madrid, 1990.

GUILLÉN, Jorge, "Salvación de la primavera". En *Jorge Guillén,* Carlos Meneses y Silvia Carretero, Ed. Júcar, Madrid, 1981.

HERNÁNDEZ, Miguel, "La boca", *Ultimos poemas.* En *Para la libertad,* Planeta, Buenos Aires, 1997.

HUGO, Victor, "Ave dea, moriturus te salutat", *Toda la lira.* En *Poetas románticos franceses.* Introducción, traducción y notas de Carlos Pujol, Planeta, Barcelona, 1990.

LAWRENCE, D. H., "Quisiera conocer a una mujer", *Collected Poems,* Jonathan Cape & Harrison Smith, London, 1929. (Traducción: María Fasce.)

LOPE DE VEGA, Félix, "A una dama que salió revuelta una mañana", *Poesías de Lope de Vega,* Selección y prólogo de Rafael Alberti, Losada, Buenos Aires, 1965.

LUGONES, Leopoldo, "Balada del fino amor", *Las horas doradas.* En *Antología poética,* Espasa Calpe, Buenos Aires, 1949.

MACHADO, Antonio, "Siempre fugitiva y siempre...", *Poesías Completas,* Col. Austral, Espasa Calpe, Buenos Aires, 1993.

MANRIQUE, Jorge, "Acordaos, por Dios, señora". En *Poesías completas,* Austral, Espasa Calpe, Madrid, 1990.

MARTÍ, José, "Por tus ojos encendidos", *Versos sencillos.* En *Poesía completa,* Letras Cubanas, La Habana, 1985.

MARVELL, Andrew, "A su esquiva amante", en: Octavio Paz, *Versiones y diversiones,* Joaquín Mortiz, Méjico, 1974.

MOLINA, Enrique, "La mujer de los pechos oscilantes", *Hacia una isla incierta.* En *Orden Terrestre. Obra poética,* Seix Barral, Buenos Aires, 1995.

MORAES, Vinicius de, "Soneto de la mujer al sol", *Para vivir un gran amor,* Ed. de la Flor, Buenos Aires, 1972.

MOURAO FERREIRA , David, "De entre la sombra y el cuerpo", *Entre la sombra y el cuerpo.* En *Antología de la poesía portuguesa contemporánea,* Tomo I, selección, traducción y notas de Angel Crespo, Júcar, Barcelona, 1982.

MUSSET, Alfred de, "A Pepa", en *Poetas románticos franceses.* Introducción, traducción y notas de Carlos Pujol, Planeta, Barcelona, 1990.

NERUDA, Pablo, "La reina", *Versos del capitán,* Seix Barral, Buenos Aires, 1997.

NERVAL, Gerard de, "Una avenida de Luxemburgo", en *Poetas románticos franceses.* Introducción, traducción y notas de Carlos Pujol, Planeta, Barcelona, 1990.

ORTIZ, CARLOS, "Galantería", *Rosas del Crepúsculo,* La Cultura Argentina, Buenos Aires, 1919.

ORTIZ, Juan L., "Mujer que el viento tienes...", *Protosauce.* En *Obras Completas,* Centro de Publicaciones de la Universidad de Santa Fe, 1996.

PAVESE, Cesare, "Vendrá la muerte y tendrá tus ojos", *Verrá la morte e avrà i tuoi occhi.* En *Poesía Italiana Contemporánea.* Prólogo, selección y traducción de Horacio Armani, Litoral Ediciones Unesco, 1994.

PESSOA, Fernando, "Ven a sentarte conmigo, Lidia, a la orilla del río", *Odas*. En *Antología poética,* Espasa Calpe, Madrid, 1982.

PETRARCA, Francesco, "Soneto 134", *Cancionero*. Selección, traducción y notas de Jorge A. Piris, Centro Editor de América Latina, Buenos Aires, 1983.

POE, Edgar Allan, "Annabel Lee", *Obra poética completa,* Edición bilingüe, Ediciones Río Nuevo, Barcelona, 1980. (Traducción: Arturo Sánchez.)

PRÉVERT, Jacques, "Paris at night", *Paroles,* Gallimard, París, 1972. (Traducción: María Fasce.)

QUEVEDO, Francisco de, "Amor impreso en el alma, que dura después de las cenizas", *Antología poética,* Espasa Calpe, Madrid, 1943.

RONSARD, Pierre de, "A una joven muerta". En *Recreos del tiempo,* Emecé, 1978. (Traducción: Horacio Armani.)

SALINAS, Pedro, "Dame tu libertad...", *Poemas escogidos*. Austral, Buenos Aires, 1953.

SIMPSON, Máximo, "Doña Berta", *La casa y otras visiones,* Libros de Alejandría, Buenos Aires, 1995.

TEJADA GÓMEZ, Armando, "Historia de tu ausencia", *Historia de tu ausencia,* Torres Agüero, Buenos Aires, 1985.

VERLAINE, Paul, "Mi sueño habitual", *Poèmes saturniens,* Gallimard, París, 1974. (Traducción: María Fasce.)

YEATS, WILLIAM BUTLER, "Para Anne Gregory", *Collected poems,* Macmillan Company, New York, 1961. (Traducción: María Fasce.)

Esta edición
se terminó de imprimir en
Talleres Gráficos EDIGRAF S.A.,
Delgado 834, Buenos Aires,
en el mes de junio de 1998.